tulunghaan - школа	2
biyahe - подорож	5
transportasyon - транспорт	8
siyudad - місто	10
talan-awon - ландшафт	14
restawran - ресторан	17
supermarket - супермаркет	20
ilimnon - напої	22
pagkaon - їжа	23
umahan - ферма	27
balay - дім	31
sala - вітальня	33
kusina - кухня	35
banyo - ванна кімната	38
kwarto sa bata - дитяча кімната	42
bisti - одяг	44
buhatan - офіс	49
ekonomiya - економіка	51
mga trabaho - професії	53
mga gamit - інструменти	56
mga instrumento sa musika - музичні інструменти	57
zoo - зоопарк	59
sports - спорт	62
mga kalihokan - дії	63
pamilya - сім'я	67
lawas - тіло	68
ospital - лікарня	72
emergency - аварійний випадок	76
yuta - Земля	77
orasan - годинник	79
semana - тиждень	80
tuig - рік	81
mga porma - форми	83
mga kolor - фарби	84
kaatbang - протилежності	85
mga numero - числа	88
mga pinulongan - мови	90
kinsa / unsa / unsaon - хто / що / як	91
diin - де	92

Impressum
Verlag: BABADADA GmbH, Nedderfeld 112 , 22529 Hamburg
Geschäftsführer / Verlagsleitung: Harald Hof
Druck: Books on Demand GmbH, In de Tarpen 42, 22848 Norderstedt

Imprint
Publisher: BABADADA GmbH, Nedderfeld 112 , 22529 Hamburg, Germany
Managing Director / Publishing direction: Harald Hof
Print: Books on Demand GmbH, In de Tarpen 42, 22848 Norderstedt, Germany

tulunghaan
школа

bahinon
ділити

186/2

board
дошка

magparehistro
класна кімната

natad sa tulunghaan
шкільний двір

magtutudlo
вчитель

papel
папір

isulat
писати

bolpen
ручка

lamesa
письмовий стіл

ruler
лінійка

libro
книга

estudyante
учень

bag
ранець

sudlanan sa lapis
пенал

lapis
олівець

panhait sa lapis
точило

rubber
гумка

drawing pad
альбом для малювання

drowing

малюнок

brush sa pintal

пензель

kahon sa pintal

коробка фарб

gunting

ножиці

papilit

клей

libro sa ehersisyo

зошит

homework

домашнє завдання

gidaghanon

число

idugang

додавати

kuhai

віднімати

i-multiply

множити

kuwentaha

рахувати

sulat

літера

alpabeto

абетка

pulong

слово

teksto
текст

pagbasa
читати

chalk
крейда

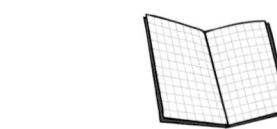
leksyon
година

magparehistro
класний журнал

pagsusi
екзамен

sertipiko
диплом

uniporme sa eskwelahan
шкільна форма

edukasyon
освіта

ensiklopedya
лексикон

unibersidad
університет

mikroskopyo
мікроскоп

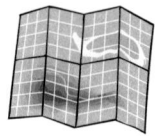
mapa
карта

paperbasket sa basura
кошик для паперу

biyahe

подорож

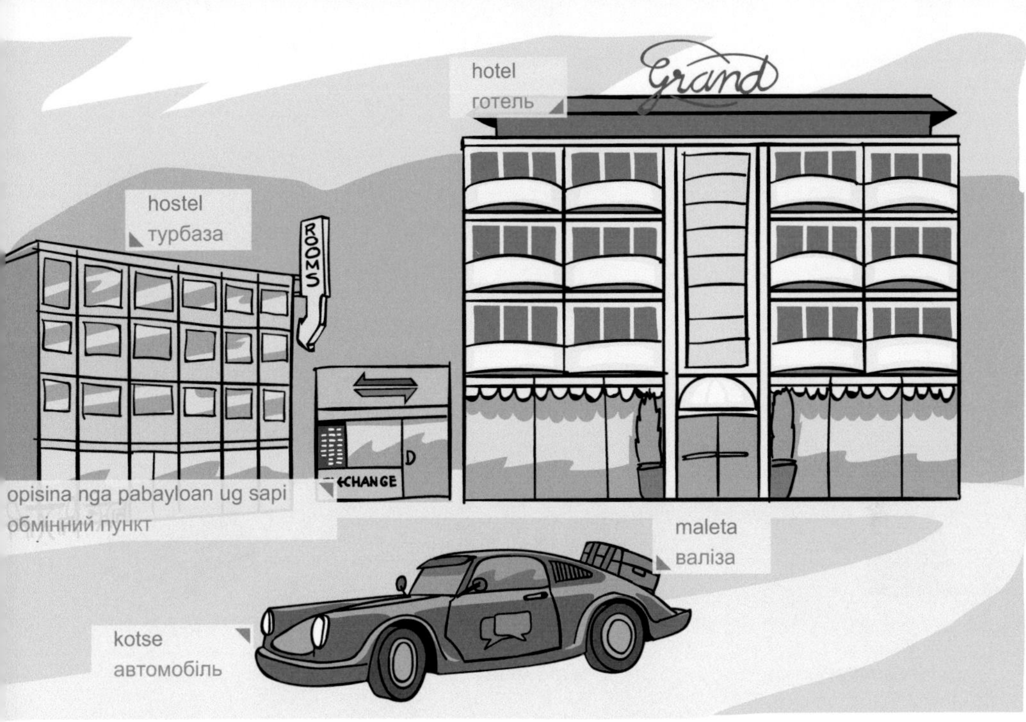
Grand
hotel
готель
hostel
турбаза
ROOMS
EXCHANGE
opisina nga pabayloan ug sapi
обмінний пункт
maleta
валіза
kotse
автомобіль

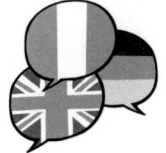

pinulongan

мова

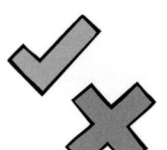

oo / dili

так / ні

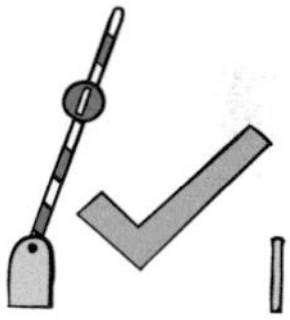

Okay

добре

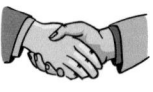

kumusta

привіт

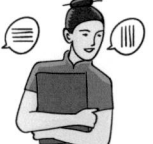

maghuhubad

перекладач

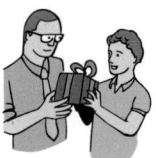

Salamat

дякую

tagpila ang

Скільки коштує ...?

Dili ako makasabut sa

Я не розумію

problema

проблема

Maayong gabii!

Добрий вечір!

Maayong buntag

Доброго ранку!

Maayong gabii

На добраніч!

babay

До побачення

direksyon

напрямок

bagahe

багаж

bag

сумка

backpack

рюкзак

bisita

гість

kwarto

кімната

bag nga katulganan

спальний мішок

tolda

намет

impormasyon sa mga turista

туристична інформація

baybayon

пляж

credit card

кредитна картка

pamahaw

сніданок

paniudto

обід

panihapon

вечеря

tiket

квиток

elebeytor

ліфт

selyo

поштова марка

utlanan

межа

mga kostumbre

митниця

embahada

посольство

visa

віза

pasaporte

паспорт

biyahe - подорож

transportasyon
транспорт

sakayan

пором

sakayan

човен

motorsiklo

мотоцикл

sakyanan sa polis

поліцейська машина

awto para panlumba

гоночний автомобіль

giabangan nga awto

автомобіль на прокат

pag-ambit sa awto
спільне користування авто

tow truck
евакуатор

trak sa basura
сміттєвоз

motor
двигун

gasolina
паливо

gasolinahan
автозаправна станція

simbolo sa trapiko
дорожній знак

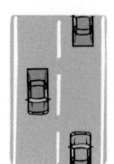

trapiko
рух

huot nga trapiko
затор

lugar nga paradahan
стоянка

estasyon sa tren
вокзал

riles
рейки

tren
потяг

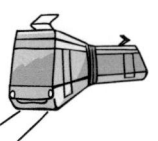

tram
трамвай

karomata
вагон

transportasyon - транспорт

helicopter
гелікоптер

tugpahanan
аеропорт

torre
вежа

pasahero
пасажир

sudlanan
контейнер

karton
коробка

kariton
візок

bukag
кошик

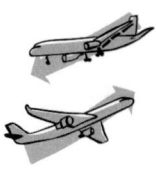
paghawa / pag-abot
стартувати / приземлятися

siyudad
місто

balangay
село

sentro sa siyudad
центр міста

balay
дім

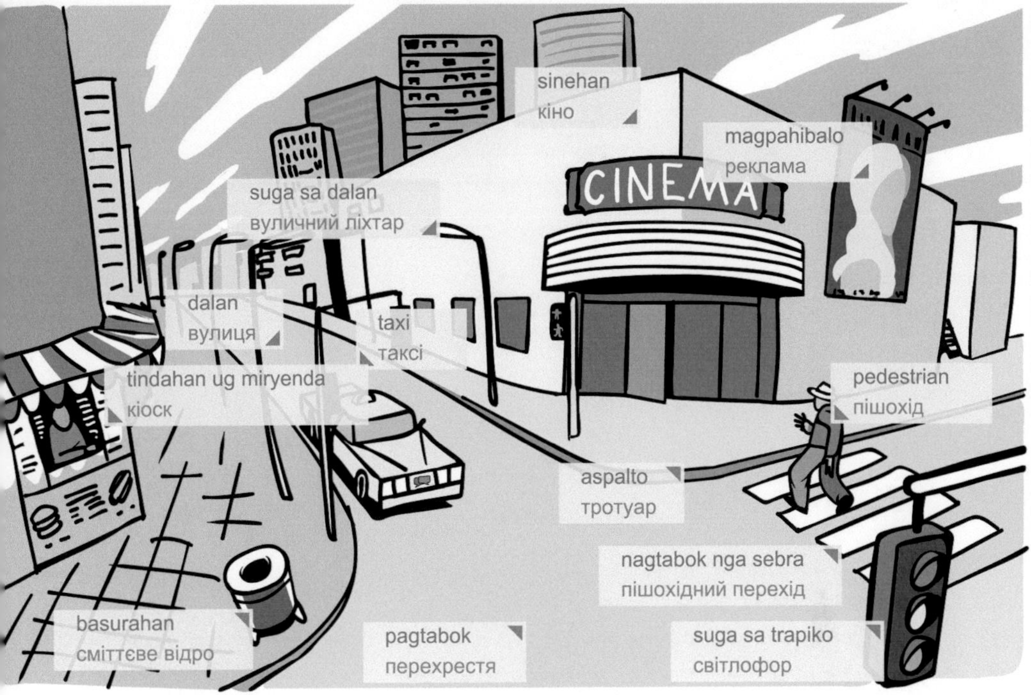

sinehan
кіно

magpahibalo
реклама

suga sa dalan
вуличний ліхтар

dalan
вулиця

taxi
таксі

tindahan ug miryenda
кіоск

pedestrian
пішохід

aspalto
тротуар

nagtabok nga sebra
пішохідний перехід

basurahan
сміттєве відро

pagtabok
перехрестя

suga sa trapiko
світлофор

payag

хатина

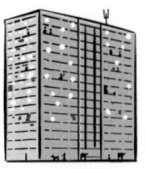

patag

квартира

estasyon sa tren

вокзал

munisipyo

ратуша

museum

музей

tulunghaan

школа

siyudad - місто

unibersidad

університет

bangko

банк

ospital

лікарня

hotel

готель

parmasya

аптека

buhatan

офіс

tindahan ug libro

книжковий магазин

shop

магазин

tindahan ug bulak

квітковий магазин

supermarket

супермаркет

merkado

ринок

department store

універмаг

tindahan sa isda

торговець рибою

shopping center

торговельний центр

dunggoanan

гавань

siyudad - місто

parke
парк

bangko
лава

tulay
міст

hagdanan
сходи

ilalom sa yuta
метро

tunel
тунель

hunonganan sa bus
автобусна зупинка

bar
бар

restawran
ресторан

kahon sa sulat
поштова скринька

ilhanan sa dalan
вулична табличка

parking meter
лічильник паркування

zoo
зоопарк

swimming pool
басейн

mosque
мечеть

siyudad - місто

umahan
ферма

polusyon
забруднення навколишнього середовища

lubnganan
кладовище

simbahan
церква

dulaanan
дитячий майданчик

templo
храм

talan-awon
ландшафт

dahon — листок
ilhanan sa direksyon — вказівний стовп
dalan — шлях
kasagbutan — луг
bato — камінь
kahoy — дерево
tigbaktas — мандрівник
suba — річка
sagbot — трава
bulak — квітка

walog

долина

bungtod

гора

linaw

озеро

kalasangan

ліс

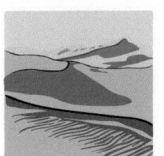

disyerto

пустеля

bulkan

вулкан

kastilyo

замок

balangaw

веселка

uhong

гриб

palma nga kahoy

пальма

lamok

комар

langaw

муха

hulmigas

мурашка

buyog

бджола

lawa-lawa

павук

bakukang

жук

baki

жаба

eskwirel

вивірка

ilaga sa humayan

їжак

liebre

заєць

ngiw-ngiw

сова

langgam

птах

sisne

лебідь

baboy

кабан

usa

олень

moose

лось

dam

гребля

turbina sa hangin

вітряк

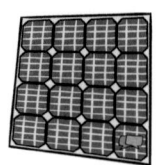

solar panel

сонячний модуль

klima

клімат

talan-awon - ландшафт

restawran
ресторан

- waiter / офіціант
- menu / меню
- lingkuranan / стілець
- sabaw / суп
- pizza / піца
- kubyertos / столові прилади
- mantel / скатертина

pagsugod
закуска

una nga pagkaon
друга страва

hinam-is
десерт

ilimnon
напої

pagkaon
їжа

botelya
пляшка

restawran - ресторан

fastfood
фаст-фуд

pagkaon sa kalye
вулична їжа

teapot
чайник

kahon sa asukar
цукорниця

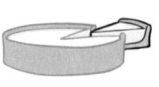

bahin
порція

espresso machine
еспресо-машина

taas nga lingkuranan
високий стільчик

bayranan
рахунок

tray
піднос

kutsilyo
ніж

tinidor
вилка

kutsara
ложка

kutsarita
чайна ложка

serviette
серветка

bildo
склянка

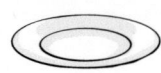
plato
тарілка

plato sa sabaw
тарілка для супу

platito
блюдце

sawsawan
соус

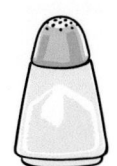
tig-uyog sa asin
солонка

panggiling sa paminta
млин для перцю

suka
оцет

lana
масло

panakot
спеції

ketchup
кетчуп

mustasa
гірчиця

mayonnaise
майонез

supermarket

супермаркет

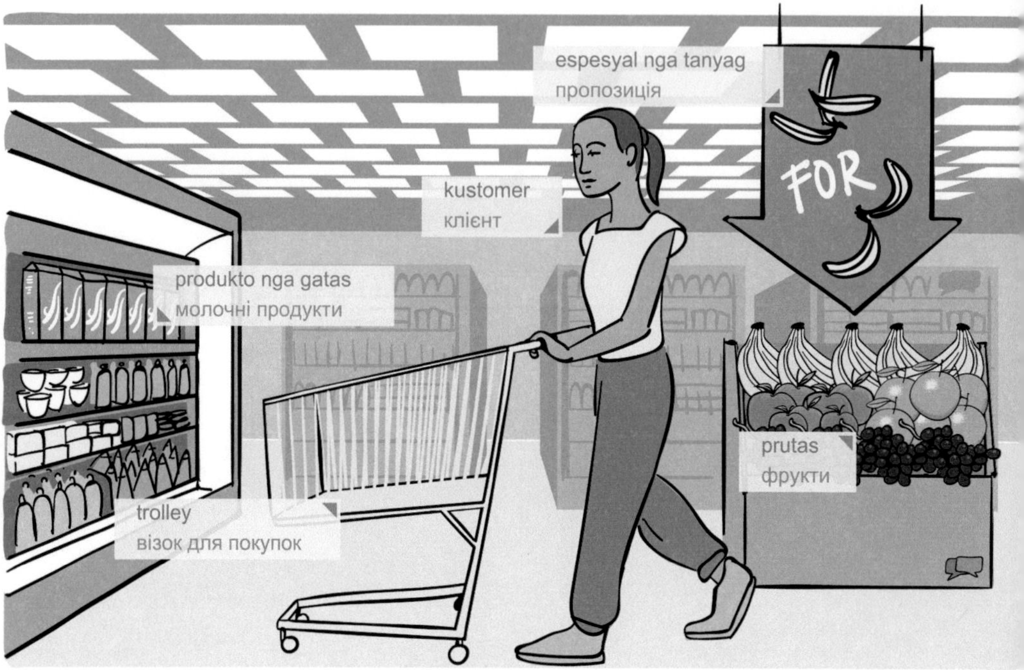

espesyal nga tanyag
пропозиція
FOR
kustomer
клієнт
produkto nga gatas
молочні продукти
prutas
фрукти
trolley
візок для покупок

BUTCHERS

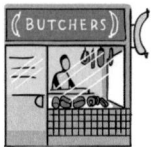

mag-iihaw

м'ясний магазин

BAKERY

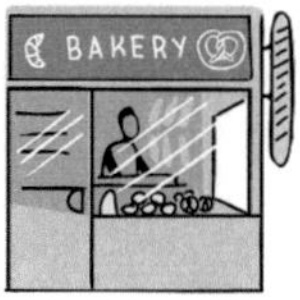

panaderya

пекарня

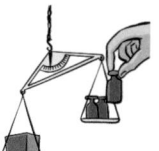

timbang

зважувати

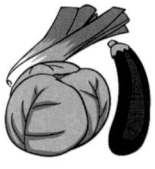

utanon

овочі

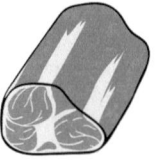

karne

м'ясо

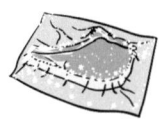

frozen nga pagkaon

заморожені продукти

bugnaw nga karne

ковбасна нарізка

delata nga pagkaon

консерви

panglaba nga powder

пральний порошок

tam-is

солодощі

mga produkto sa panimalay

предмети домашнього побуту

panglimpyo nga mga produkto

мийний засіб

tindero/tindera

продавщиця

cash register

каса

kahera

касир

listahan sa palitonon

список покупок

mga oras sa pag-abli

часи роботи

pitaka

гаманець

credit card

кредитна картка

bag

сумка

plastic bag

поліетиленовий пакет

supermarket - супермаркет

ilimnon
напої

tubig
вода

juice
сік

gatas
молоко

coke
кола

bino
вино

beer
пиво

alkohol
алкоголь

kakaw
какао

tsa
чай

kape
кава

espresso
еспресо

cappucino
капучіно

pagkaon
їжа

saging
банан

mansanas
яблуко

orange
апельсин

melon
кавун

limon
лимон

karot
морква

ahos
часник

kawayan
бамбук

sibuyas
цибуля

uhong
гриб

mani
горішки

pansit
локшина

spaghetti	bugas	salad
спагеті	рис	салат

chips	pinirito nga patatas	pizza
картопля фрі	смажена картопля	піца

hamburger	sandwich	piraso sa karne nga walay bukog
гамбургер	бутерброд	шніцель

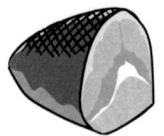  

hamon	salami	soriso
шинка	салямі	ковбаса

manok	sinugba	isda
курка	печеня	риба

lugaw nga oats

вівсяні пластівці

muesli

мюслі

mga cornflake

кукурудзяні пластівці

harina

борошно

croissant

круасан

linukot nga tinapay

булочка

pan

хліб

tostada

тостовий хліб

mga biskwit

печиво

mantikilya

масло

curd

сир

cake

пиріг

itlog

яйце

pritong itlog

яєчня

keso

сир

pagkaon - їжа

ice cream
морозиво

asukar
цукор

dugos
мед

jam
мармелад

nougat cream
нуга-крем

curry
карі

umahan
ферма

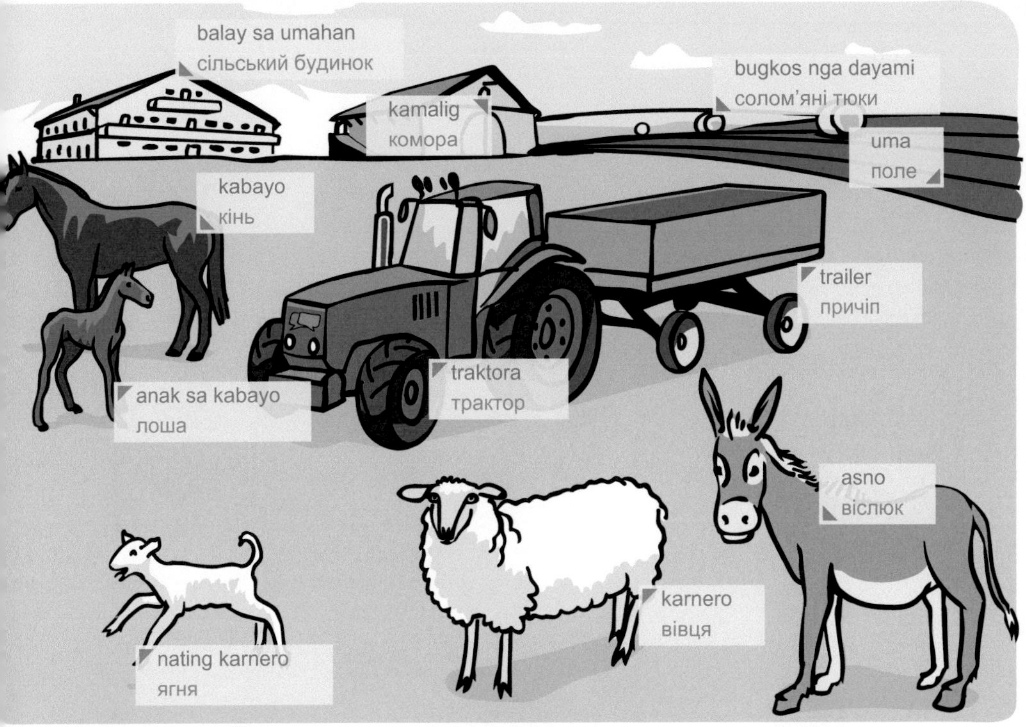

balay sa umahan
сільський будинок

kamalig
комора

bugkos nga dayami
солом'яні тюки

uma
поле

kabayo
кінь

trailer
причіп

anak sa kabayo
лоша

traktora
трактор

asno
віслюк

karnero
вівця

nating karnero
ягня

kanding
коза

baka
корова

nating baka
теля

baboy
свиня

baktin
порося

baka nga lake
бик

gansa
гусак

itik
качка

piso
курча

himungaan
курка

cockrel
півень

ilaga
щур

iring
кіт

ilaga
миша

toro
віл

iro
собака

balay sa iro
собача будка

hose sa tanaman
садовий шланг

lata nga pamisbis
лійка

scythe
коса

daro
плуг

umahan - ферма

galab

серп

sarol

мотика

pang-kahig

вила

hatsa

сокира

karetilya

тачка

pasung

корито

lata sa gatas

бідон молока

sako

мішок

koral

паркан

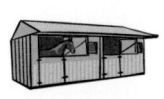

lig-on

хлів

greenhouse

теплиця

yuta

ґрунт

binhi

насіння

abono

добриво

combine harvester

комбайн

umahan - ферма

ting-ani — пожинати

ting-ani — урожай

mga ubi — корінь ямсу

trigo — пшениця

soya — соя

patatas — картопля

mais — кукурудза

rapeseed — ріпак

kahoy nga mamunga — плодове дерево

kamoteng kahoy — маніок

pagkaon nga mga lugas — злаки

umahan - ферма

balay
дім

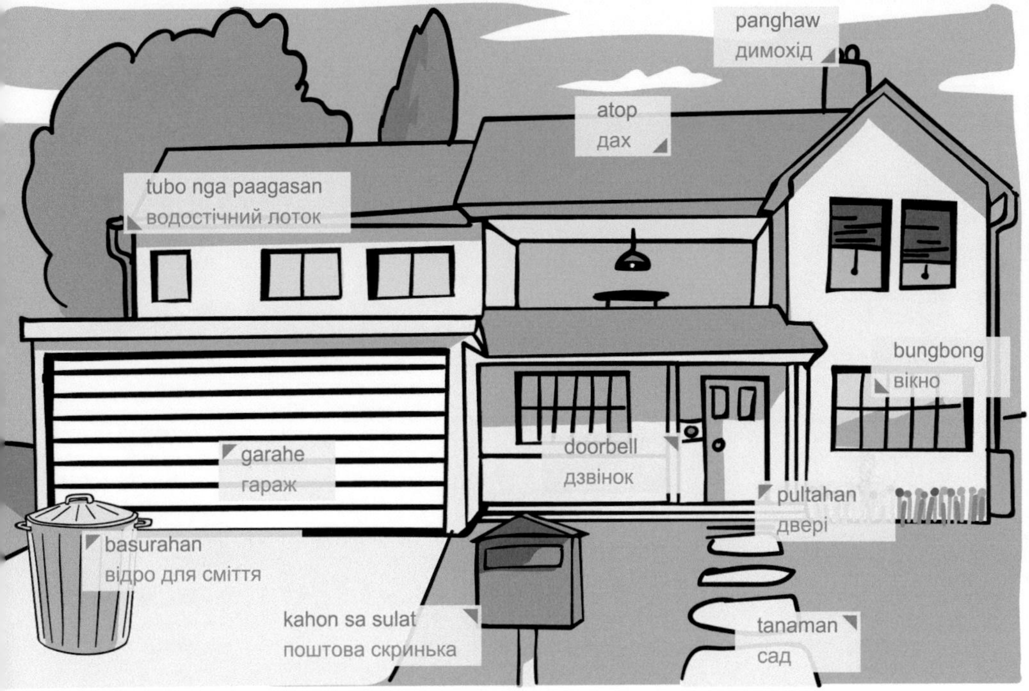

panghaw — димохід
atop — дах
tubo nga paagasan — водостічний лоток
bungbong — вікно
garahe — гараж
doorbell — дзвінок
pultahan — двері
basurahan — відро для сміття
kahon sa sulat — поштова скринька
tanaman — сад

sala

вітальня

banyo

ванна кімната

kusina

кухня

kwarto nga higdaanan

спальня

kwarto sa bata

дитяча кімната

kan-anan

їдальня

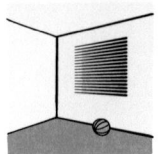

salog

підлога

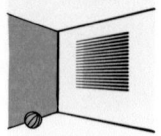

dingding

стіна

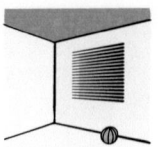

kisame

стеля

bodega sa bino

підвал

sauna

сауна

balkonahe

балкон

terasa

тераса

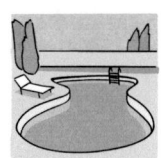

pool

басейн

lawnmover

косарка

piraso nga papel

простирало

kobrekama

ковдра

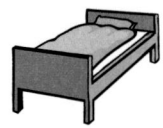

higdaanan

ліжко

silhig

мітла

balde

відро

pindutan

перемикач

balay - дім

sala
вітальня

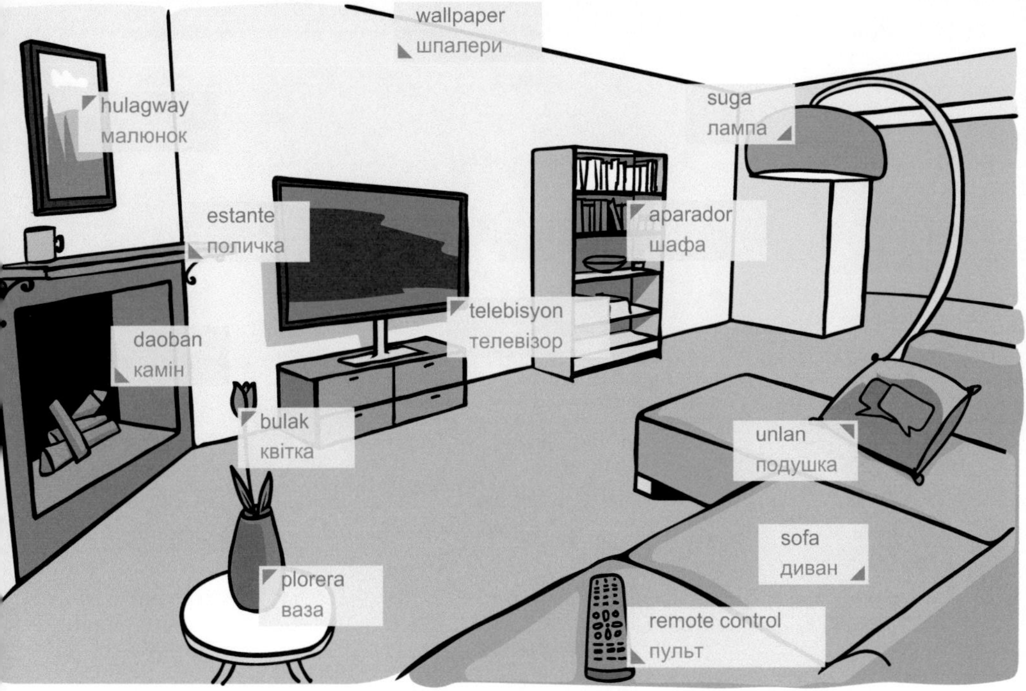

- wallpaper — шпалери
- hulagway — малюнок
- suga — лампа
- estante — поличка
- aparador — шафа
- daoban — камін
- telebisyon — телевізор
- bulak — квітка
- unlan — подушка
- plorera — ваза
- sofa — диван
- remote control — пульт

karpet
килим

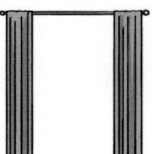

kurtina
завіса

lamesa
стіл

lingkuranan
стілець

rocking chair
крісло-гойдалка

lingkuranan
крісло

sala - вітальня

libro
книга

habol
ковдра

dekorasyon
прикраса

sugnod
дрова

pelikula
фільм

hi-fi
стереосистема

yawe
ключ

mantalaan
газета

hulagway
картина

poster
плакат

radyo
радіо

notebook
блокнот

vacuum cleaner
пилосос

kaktus
кактус

kandila
свічка

sala - вітальня

kusina
кухня

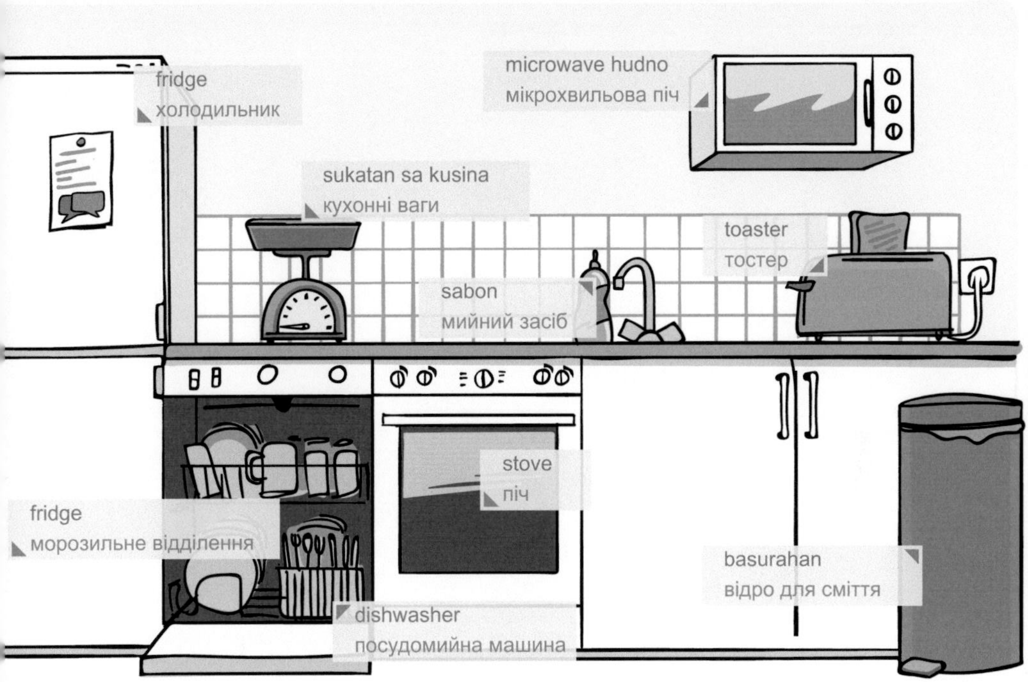

fridge
холодильник

microwave hudno
мікрохвильова піч

sukatan sa kusina
кухонні ваги

toaster
тостер

sabon
мийний засіб

fridge
морозильне відділення

stove
піч

basurahan
відро для сміття

dishwasher
посудомийна машина

lutuan
плита

kolon
горщик

puthaw nga kaldero
чавунний горщик

wok / kadai
вок / кадай

kalaha
сковорода

takure
чайник

kusina - кухня

35

steamer

пароварка

baking tray

лист

crockery

посуд

mug

кухоль

panaksan

чаша

chopstick

палички для їжі

luwag

черпак

spatula

лопатка

whisk

вінчик для збивання

salaan

сито

salaan

сито

pangkudkod

терка

pinagba

ступка

barbecue

барбекю

bukas nga kalayo

багаття

tadtaran

дошка

rolling pin

качалка

corcscrew

штопор

lata

конзерва

pang-abli sa lata

відкривачка

panapton para sa kolon

прихватки

lababo

раковина

brush

щітка

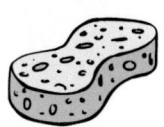

espongha

губка

blender

міксер

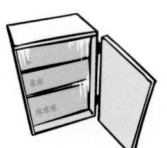

prisir

морозильна камера

beberon

дитяча пляшка

gripo

кран

kusina - кухня

37

banyo
ванна кімната

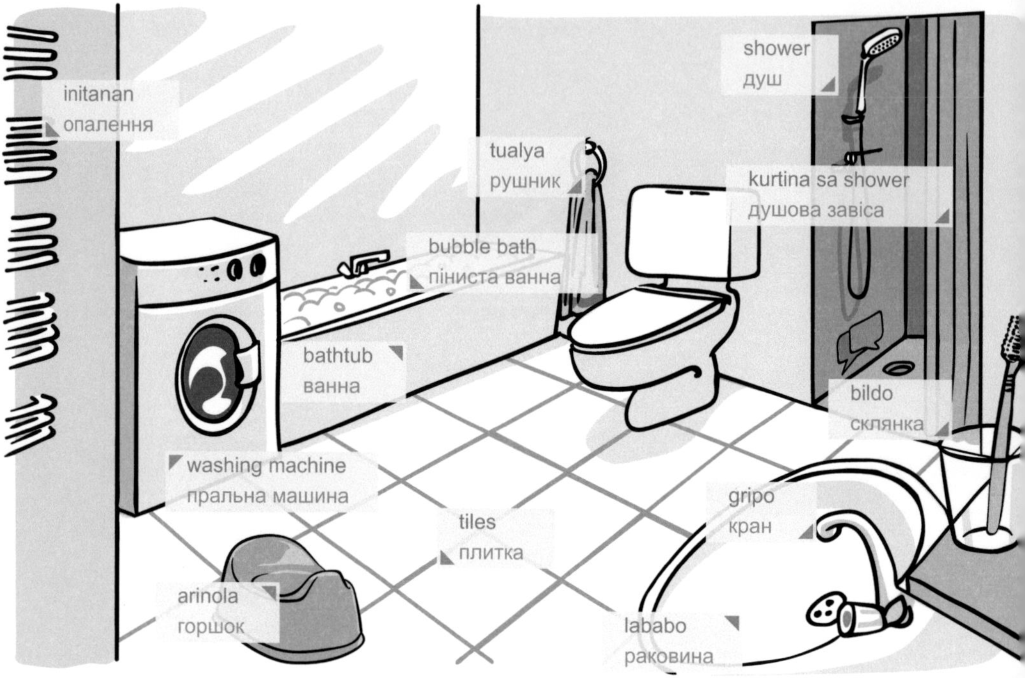

initanan
опалення

shower
душ

tualya
рушник

kurtina sa shower
душова завіса

bubble bath
піниста ванна

bathtub
ванна

bildo
склянка

washing machine
пральна машина

gripo
кран

tiles
плитка

arinola
горшок

lababo
раковина

kasilyas
туалет

squat nga kasilyas
підлоговий туалет

bidet
біде

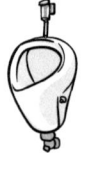

ihian
пісуар

toilet paper
туалетний папір

iskoba sa kasilyas
щітка для туалету

toothbrush
зубна щітка

toothpaste
зубна паста

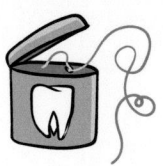
dental floss
нитка для чищення зубів

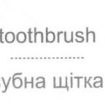
panglaba
мити

makuptan nga shower
ручний душ

douche
інтимний душ

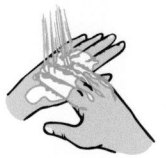
palanggana
таз

brush para sa likod
щітка для спини

sabon
мило

shower gel
гель для душу

shampoo
шампунь

flannel
мочалка

paagasan
водостік

creme
крем

deodorant
дезодорант

banyo - ванна кімната

samin

дзеркало

makuptan nga samin

косметичне дзеркало

barbas

бритва

bula nga pang-ahit

піна для гоління

aftershave

лосьйон після гоління

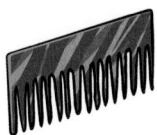

sudlay

гребінь

brush

щітка

pampauga sa buhok

фен

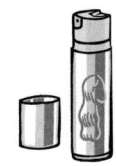

hairspray

лак для волосся

makeup

косметика

lipstick

губна помада

pampakintab sa kuko

лак для нігтів

gapas nga balhibo sa karnero

вата

gunting sa kuko

ножиці для нігтів

pahumot

парфум

banyo - ванна кімната

washbag

косметичка

tumbanan

табурет

mga timbangan

ваги

bathrobe

халат

goma nga guwantes

гумові рукавички

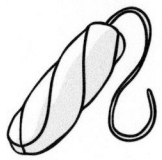

tampon

тампон

limpyo nga tualya

гігієнічні прокладки

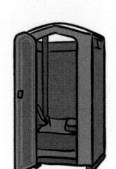

kemikal para sa kasilyas

біотуалет

banyo - ванна кімната

kwarto sa bata
дитяча кімната

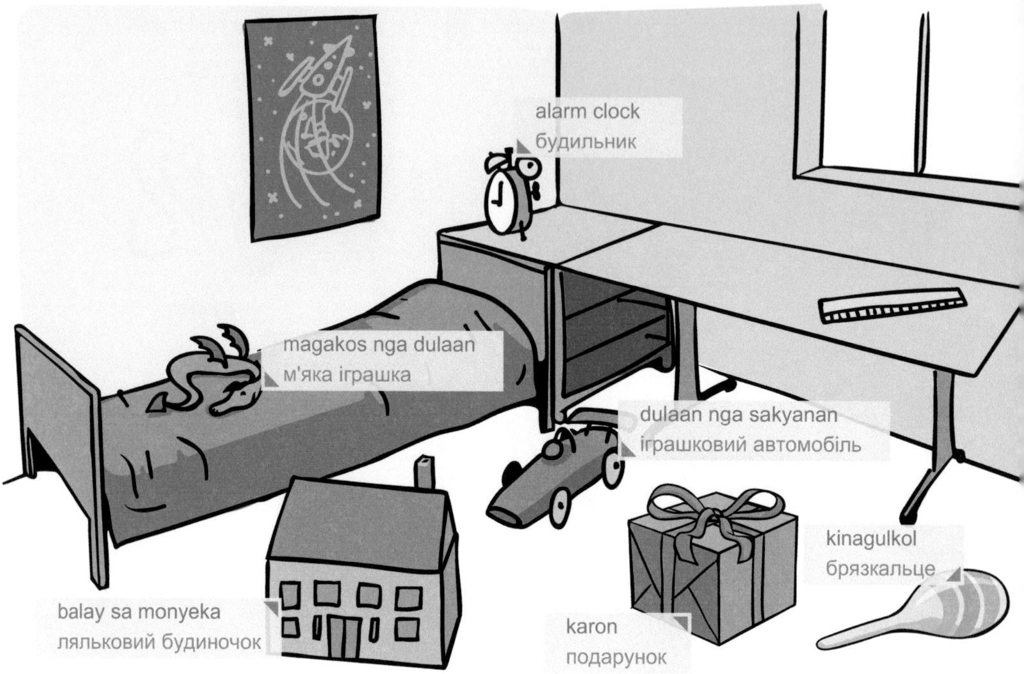

alarm clock
будильник

magakos nga dulaan
м'яка іграшка

dulaan nga sakyanan
іграшковий автомобіль

balay sa monyeka
ляльковий будиночок

karon
подарунок

kinagulkol
брязкальце

lobo

повітряна кулька

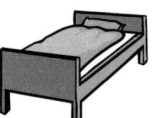

higdaanan

ліжко

pram

дитячий візок

hanay sa mga baraha

картярська гра

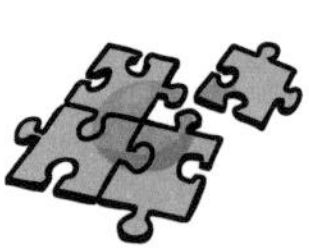

jigsaw

пазл

komik

комікс

lego bricks

лего цеглинки

dulaan nga mga bloke

блоки

action figure

іграшкова фігурка

pagtubo sa bata

повзунки

frisbee

фризбі

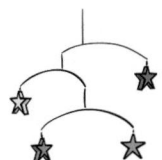

mobile

мобіле

game board

настільна гра

dice

кубик

model nga set sa tren

модель залізнична станція

dummy

соска

party

вечірка

hulagway nga basahon

книжка з картинками

bola

м'яч

monyeka

лялька

pagduwa

грати

kwarto sa bata - дитяча кімната

sandpit
пісочниця

tabyog
гойдалка

mga dulaan
іграшка

video game console
гральна консоль

traysikol
триколісний велосипед

teddy bear
плюшевий мішка

wardrobe
шафа

bisti
одяг

medyas
шкарпетки

stockings
панчохи

pantyhose
колготки

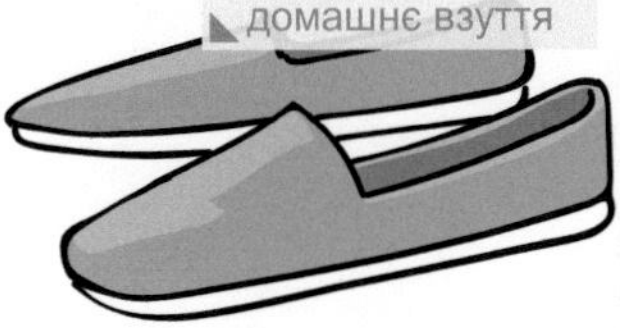

bandana
шарф

payong
парасоля

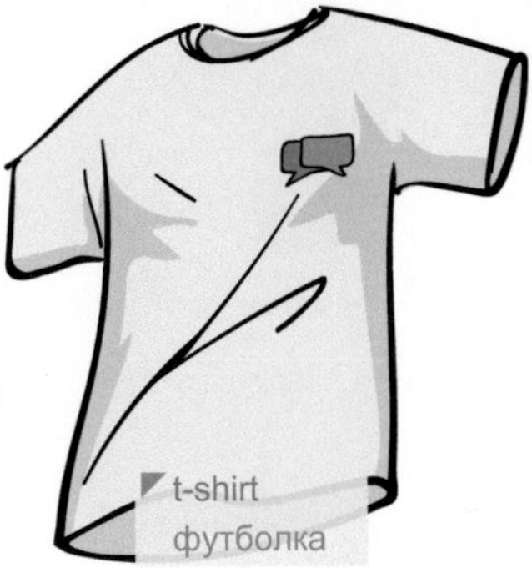

t-shirt
футболка

bakos
ремінь

botas
чоботи

tsinelas
домашнє взуття

sneakers
кросівки

sandalyas
сандалі

sapatos
взуття

goma nga botas
гумові чоботи

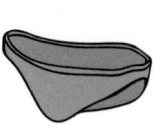

nagpurol
труси

bra
бюстгальтер

singlet
нижня сорочка

bisti - одяг

lawas
боді

karsones
штани

maong
джинси

sayal
спідниця

blusa
блузка

kamiseta
сорочка

pullover
пуловер

suwiter
светр

blazer
піджак

jacket
куртка

kapa
пальто

kapote
дощовик

costume
костюм

sinina
сукня

pangkasal nga sinina
весільна сукня

terno

костюм

nightgown

нічна сорочка

pajama

піжама

sari

сарі

bandana sa ulo

головна хустка

purong

чалма

burqa

бурка

kaftan

кафтан

abaya

абая

swimsuit

купальник

trunks

плавки

short

шорти

tracksuit

тренувальний костюм

apron

фартух

guwantis

рукавички

bisti - одяг

butones
гудзик

baso
окуляри

pulseras
браслет

kwentas
ланцюг

singsing
кільце

ariyos
сережка

kalo
шапка

hanger sa kapa
плічка

kalo
капелюх

tie
краватка

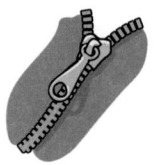
zip
застібка-блискавка

helmet
шолом

mga brace
підтяжки

uniporme sa eskwelahan
шкільна форма

uniporme
уніформа

bisti - одяг

bib
нагрудник

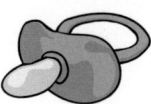
dummy
соска

lampin
підгузок

buhatan
офіс

- server / сервер
- kabinet sa file / шаф для документів
- printer / принтер
- monitor / монітор
- papel / папір
- lamesa / письмовий стіл
- mouse / миша
- polder / папка
- keyboard / синтезатор
- paperbasket sa basura / кошик для паперу
- kompyuter / комп'ютер
- bangko / стілець

tasa sa kape
кавовий кухоль

calculator
калькулятор

internet
інтернет

buhatan - офіс 49

laptop
ноутбук

sulat
лист

mensahe
повідомлення

mobile
мобільний телефон

network
мережа

photocopier
копіювальний пристрій

software
програмне забезпечення

telepono
телефон

saksakan
розетка

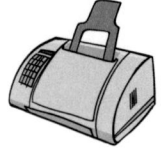
fax machine
факс

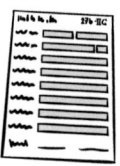
porma
бланк

dokumento
документ

ekonomiya
економіка

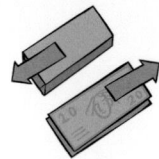

pagpalit
купувати

pagbayad
платити

pagbaligya
торгувати

salapi
гроші

dolyar
долар

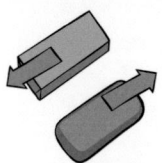

euro
євро

yen
ієна

ruble
рубль

swiss franc
франк

renminbi yuan
юанів женьміньбі

rupee
рупія

cash point
банкомат

opisina nga pabayloan ug sapi

обмінний пункт

bulawan

золото

silver

срібло

lana

нафта

enerhiya

енергія

presyo

ціна

kontrata

контракт

buhis

податок

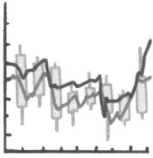

stock

акція

buhat

працювати

empleyado

працівник

amo

роботодавець

pabrika

фабрика

shop

магазин

ekonomiya - економіка

mga trabaho
професії

opisyal sa pulisya
поліцейський

bombero
пожежник

tagaluto
повар

doktor
лікар

piloto
пілот

hardinero
садівник

panday
столяр

mananahi
швачка

maghuhukom
суддя

kemiko
хімік

artista
актор

drayber sa bus
водій автобуса

drayber sa taksi
таксист

mangingisda
рибалка

tagalimpyo
прибиральниця

tigtukod ug atop
покрівельник

waiter
офіціант

mangangayam
мисливець

pintor
художник

panadero
пекар

elektrisyan
електрик

magtutukod
будівельник

inhenyero
інженер

mangingihaw
забійник

tubero
бляхар

kartero
листоноша

sundalo
солдат

arkitekto
архітектор

kahera
касир

tagatinda ug buwak
флорист

tig-ayog buhok
перукар

konduktor
кондуктор

mekaniko
механік

kapitan
капітан

dentista
дантист

syentista_1159
вчений

rabbi
рабин

imam
імам

monghe
монах

klerigo
пастор

mga trabaho - професії

mga gamit
інструменти

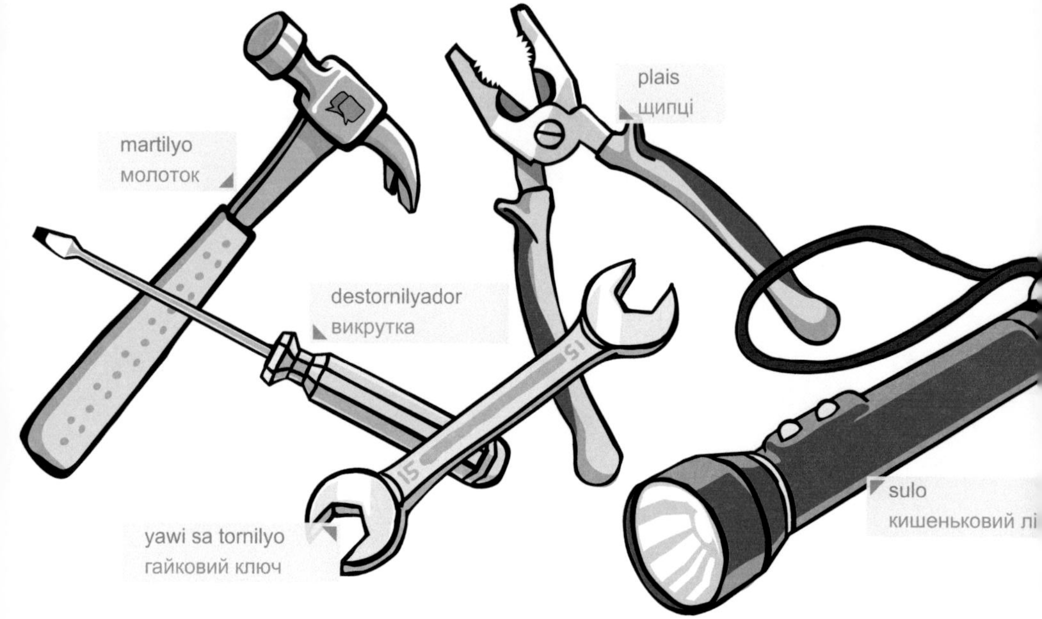

martilyo
молоток

plais
щипці

destornilyador
викрутка

yawi sa tornilyo
гайковий ключ

sulo
кишеньковий лі

pangkalot

екскаватор

sudlanag hiramenta

ящик для інструментів

hagdan

драбина

gabas

пилка

mga lansang

цвяхи

barina

свердло

pag-ayo
ремонтувати

pala
лопата

Buwisit
лайно!

dustpan
совок

sudlanan sa pintal
відро з фарбою

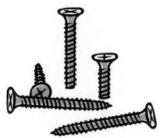

mga tornilyo
гвинти

mga instrumento sa musika
музичні інструменти

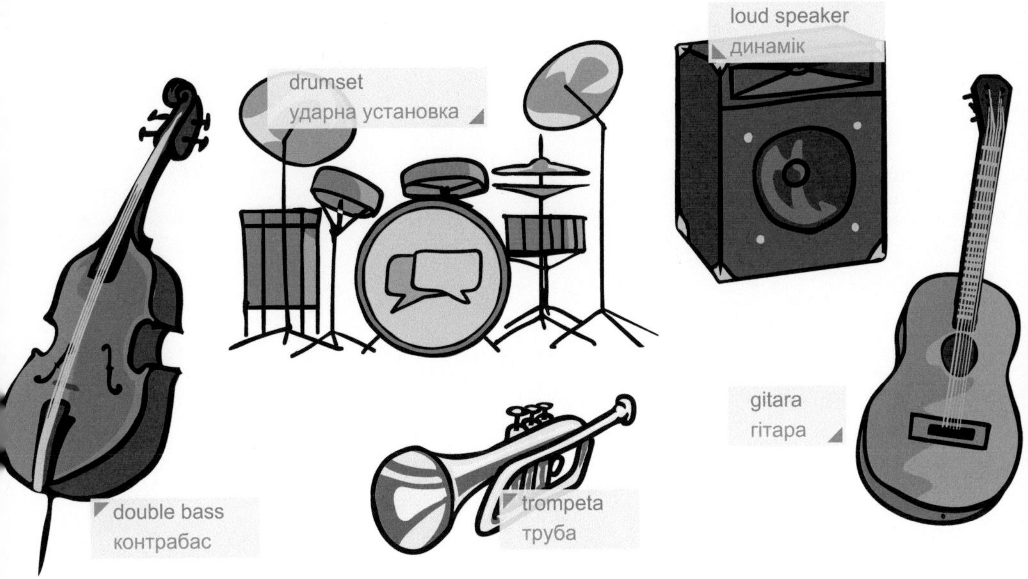

loud speaker
динамік

drumset
ударна установка

gitara
гітара

double bass
контрабас

trompeta
труба

piano
фортепіано

biyolin
скрипка

bass
бас

timpani
литаври

drums
барабан

keyboard
клавіатура

saksopon
саксофон

flauta
флейта

mikropono
мікрофон

mga instrumento sa musika - музичні інструменти

ZOO
зоопарк

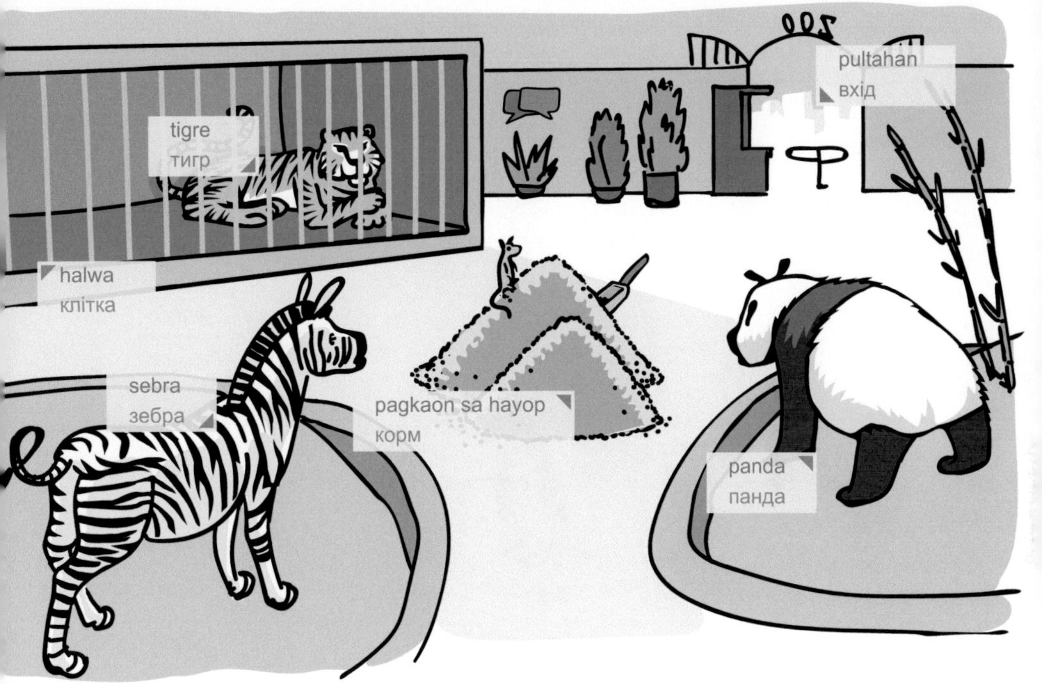

pultahan
вхід

tigre
тигр

halwa
клітка

sebra
зебра

pagkaon sa hayop
корм

panda
панда

mga mananap
тварини

elepante
слон

kangaroo
кенгуру

rhino
носоріг

gorilya
горила

oso
ведмідь

kamelyo
верблюд

ostrich
страус

leon
лев

unggoy
мавпа

flamingo
фламінго

piriko
папуга

polar bear
білий ведмідь

penguin
пінгвін

iho
акула

paboreal
павич

bitin
змія

buaya
крокодил

tigbantay og zoo
працівник зоопарку

seal
тюлень

jaguar
ягуар

gamay nga kabayo

поні

leopardo

леопард

hipo

гіпопотам

dyirap

жираф

agila

орел

baboy

кабан

isda

риба

pawikan

черепаха

walrus

морж

singgalong

лисиця

lagsaw

газель

zoo - зоопарк

sports
спорт

mga kalihokan
дії

ambak — стрибати
gakos — обіймати
katawa — сміятися
paglakaw — йти
kanta — співати
damgo — мріяти
pag-ampo — молитися
halok — цілувати

isulat
писати

pagguhit
малювати

ipakita
показувати

itulod
тиснути

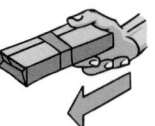

ihatag
давати

kuhaa
брати

adunay
мати

pagbuhat
робити

nga
бути

tindog
стояти

dagan
бігати

biraha
тягнути

ilabay
кидати

mahulog
падати

higda
лежати

maghulat
очікувати

dalha
носити

lingkod
сидіти

pag-ilis
одягати

katulog
спати

pagmata
просипатися

tan-awa
дивитися

hilak
плакати

stroke
гладити

panudlay
розчісувати

sulti
розмовляти

makasabut
розуміти

mangutana
питати

pamati
слухати

inom
пити

kaon
їсти

paghipos
прибирати

higugmaa
любити

magluto
варити

pagdrayb
їхати

lupad
літати

mga kalihokan - дії

layag

йти під вітрилом

kuwentaha

рахувати

pagbasa

читати

makakat-on

вчитися

buhat

працювати

magminyo

одружуватися

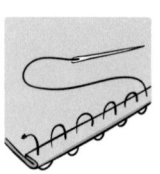

pagtahi

шити

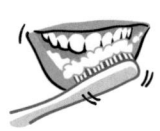

panutbras

чистити зуби

pagpatay

убивати

aso

курити

ipadala

посилати

pamilya
сім'я

apohan nga babaye
бабуся

apohan nga lalaki
дідуся

amahan
батько

inahan
мати

bata
немовля

anak nga babaye
донька

anak nga lalake
син

bisita
гість

iyaan
тітка

uyoan
дядько

igsoon
брат

igsoon nga babaye
сестра

lawas
тіло

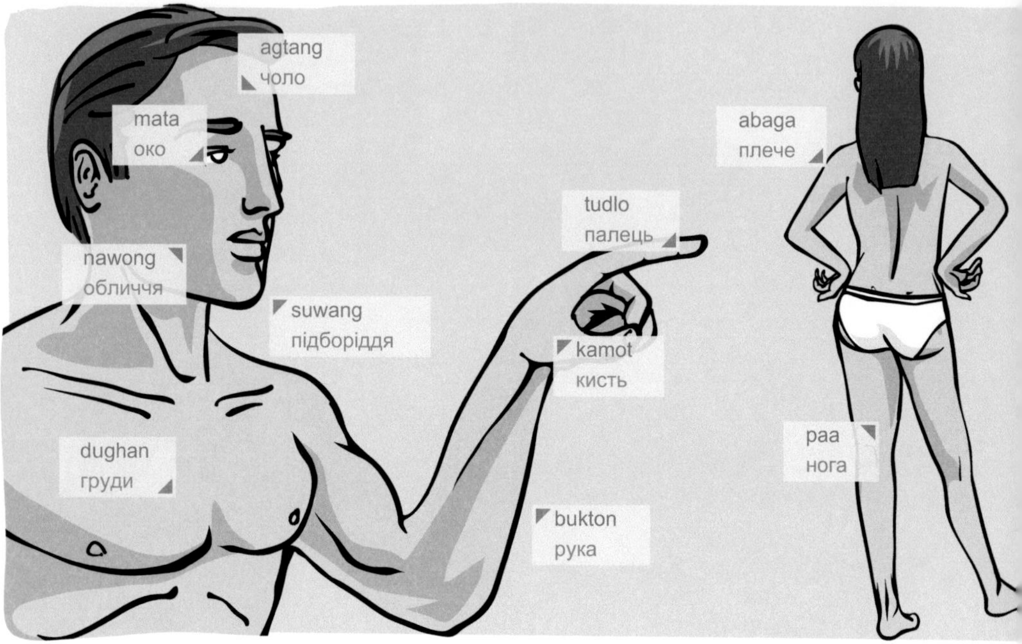

agtang	чоло
mata	око
nawong	обличчя
suwang	підборіддя
dughan	груди
tudlo	палець
kamot	кисть
bukton	рука
abaga	плече
paa	нога

bata
немовля

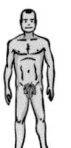

tawo
чоловік

babaye
жінка

bata nga babaye
дівчина

bata nga lalaki
хлопчик

ulo
голова

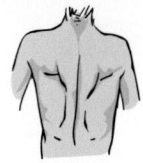
balik
спина

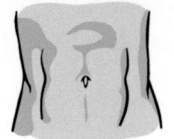
tiyan
живіт

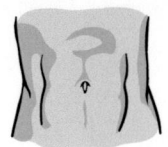
pusod
пуп

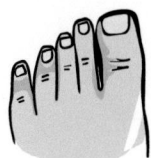
tudlo sa tiil
палець ноги

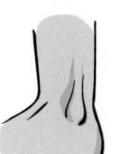
tikod
п'ята

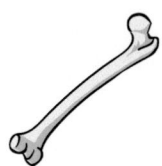
bukog
кістка

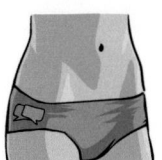
hawak
стегно

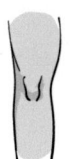
tuhod
коліно

siko
лікоть

ilong
ніс

ubos
сідниці

panit
шкіра

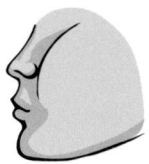
aping
щока

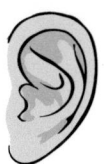
dalunggan
вухо

ngabil
губа

lawas - тіло

baba
рот

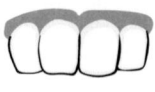
ngipon
зуб

dila
язик

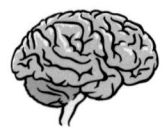
utok
мозок

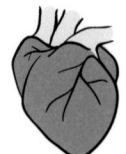
kasingkasing
серце

kaunoran
м'яз

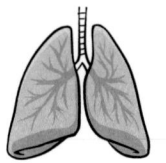
baga
легені

atay
печінка

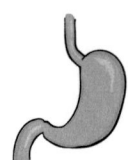
tiyan
шлунок

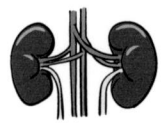
mga kidney
нирки

sex
статевий акт

condom
презерватив

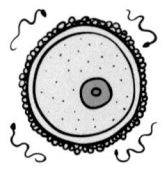
binhi
яйцеклітина

binhi
сперма

pagmabdos
вагітність

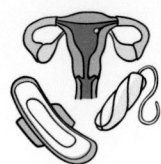
pagregla
менструація

bilat
вагіна

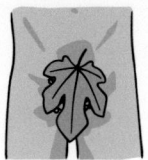
kinatawo
пеніс

kilay
брова

buhok
волосся

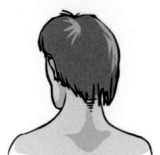
liog
шия

lawas - тіло

ospital
лікарня

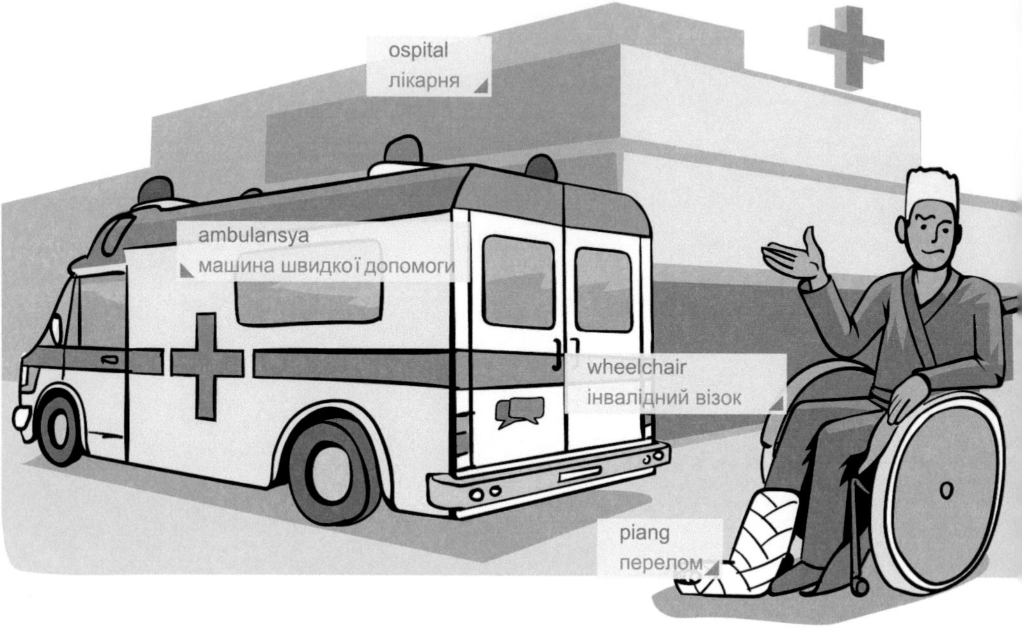

ospital
лікарня

ambulansya
машина швидкої допомоги

wheelchair
інвалідний візок

piang
перелом

doktor

лікар

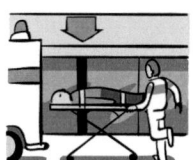

emergency room

відділення швидкої медичної допомоги

nurse

медсестра

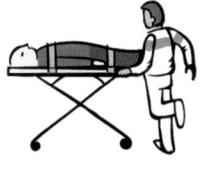

emergency

аварійний випадок

walay panimuot

непритомний

kasakit

біль

kadaot

травма

pagdugo

кровотеча

pag-atake sa kasingkasing

інфаркт

stroke

інсульт

alerdyi

алергія

ubo

кашель

hilanat

лихоманка

trangkaso

грип

pagkalibang

пронос

labad

головна біль

kanser

рак

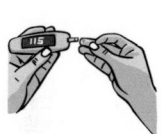

diabetes

діабет

siruhano

хірург

scalpel

скальпель

operasyon

операція

ospital - лікарня

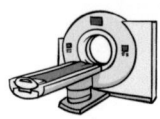

CT
КТ

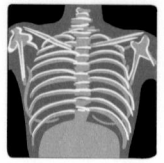

x-ray
рентген

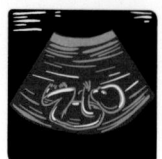

ultrasound
ультразвук

maskara sa nawong
маска

sakit
хвороба

hulatanan nga lawak
зал очікування

sungkod
милиця

plaster
пластир

bandage
пов'язка

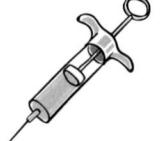

indeyksiyon
ін'єкція

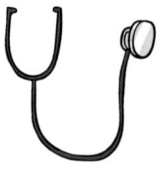

stethoscope
стетоскоп

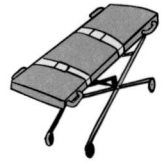

stretcher
ноші

clinical thermometer
термометр

pagkatawo
народження

sobra sa timbang
надмірна вага

ospital - лікарня

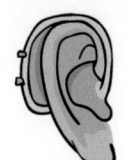
tabang sa pandungog
слуховий апарат

disimpektante
дезінфікуючий засіб

impeksyon
інфекція

virus
вірус

HIV / AIDS
ВІЛ / СНІД

tambal
медицина

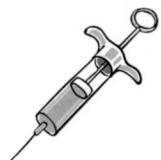
pagbakuna
вакцинація

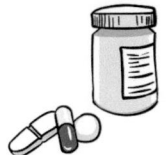
papan
таблетки

pildora
протизаплідна пігулка

emergency nga tawag
екстрений виклик

high blood pressure monitor

тонометр

sakit / himsog
хворий / здоровий

ospital - лікарня

emergency
аварійний випадок

Tabang!
Допоможіть!

alarm
сигнал тривоги

pag-atake
напад

pag-atake
атака

kakuyaw
небезпека

emergency exit
аварійний вихід

Sunog
Вогонь!

fire extinguisher
вогнегасник

aksidente
аварія

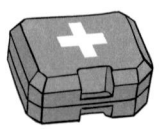

first-aid kit
аптечка

SOS
СОС

sa kapulisan
поліція

yuta
Земля

Europa

Європа

North America

Північна Америка

South America

Південна Америка

Africa

Африка

Asya

Азія

Australia

Австралія

Atlantiko

Атлантика

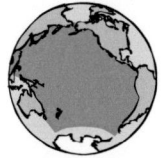

Pasipiko

Тихий океан

Indian Ocean

Індійський океан

Antarctic Ocean

Антарктичний океан

Arctic Ocean

Північний Льодовитий океан

North pole

Північний полюс

South pole

Південний полюс

Antartika

Антарктика

yuta

Земля

yuta

суша

dagat

море

isla

острів

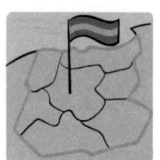

nasud

нація

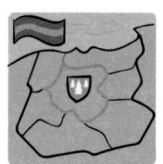

estado

держава

orasan
годинник

nawong sa orasan

циферблат

kamot sa oras

годинникова стрілка

kamot sa minutos

хвилинна стрілка

ikaduha nga kamot

секундна стрілка

Unsang orasa na?

Котра година?

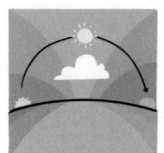

adlaw

день

oras

час

karon

зараз

digital nga relo

цифровий годинник

minuto

хвилина

oras

година

semana
тиждень

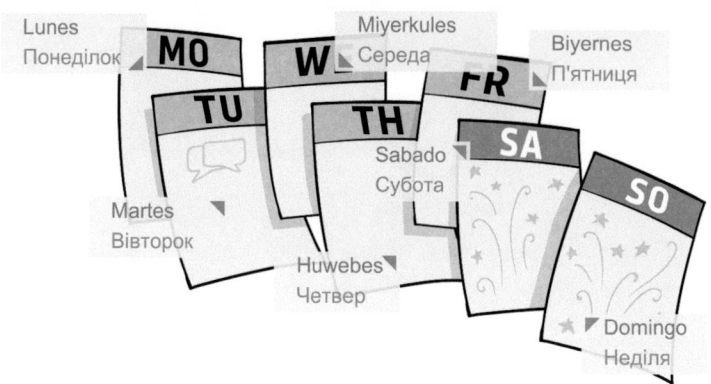

Lunes / Понеділок
Martes / Вівторок
Miyerkules / Середа
Huwebes / Четвер
Biyernes / П'ятниця
Sabado / Субота
Domingo / Неділя

kagahapon — вчора

karon — сьогодні

ugma — завтра

buntag — ранок

udto — опівдні

gabii — вечір

mga adlaw sa negosyo — робочі дні

katapusan sa semana — кінець робочого тижня

semana - тиждень

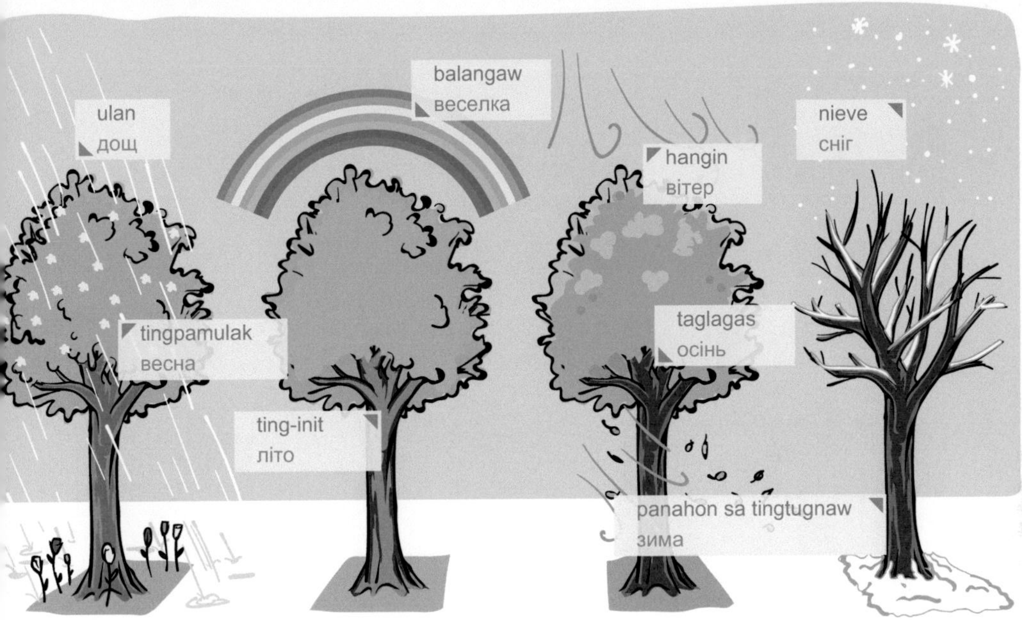

tuig
рік

ulan / дощ

balangaw / веселка

nieve / сніг

tingpamulak / весна

hangin / вітер

ting-init / літо

taglagas / осінь

panahon sa tingtugnaw / зима

pagbanabana sa panahon
прогноз погоди

termometro
термометр

kahayag sa adlaw
сонячне світло

panganod
хмара

gabon
туман

kaumog
вологість повітря

kilat
блискавка

dalugdog
грім

bagyo
шторм

ulan nga yelo
град

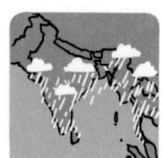

habagat
мусон

baha
повінь

yelo
лід

Enero
Січень

Pebrero
Лютий

Marso
Березень

Abril
Квітень

Mayo
Травень

Hunyo
Червень

Hulyo
Липень

Agosto
Серпень

tuig - рік

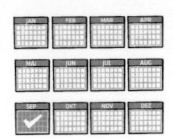

Septyembre

Вересень

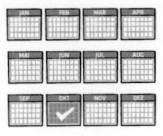

Oktubre

Жовтень

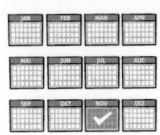

Nobyembre

Листопад

Disyembre

Грудень

mga porma
форми

lingin

круг

kuwadrado

квадрат

rektanggulo

прямокутник

trianggulo

трикутник

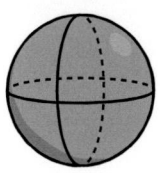

palingin

куля

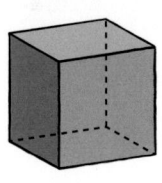

kyub

куб

mga kolor
фарби

puti
білий

dalag
жовтий

dalag
помаранчевий

rosas
рожевий

pula
червоний

ube
фіолетовий

asul
синій

berde
зелений

kolor kape
коричневий

grey
сірий

itom
чорний

kaatbang
протилежності

daghan / gamay

багато / мало

nasuko / kalma

лютий / мирний

matahum / mangil-ad

гарний / бридкий

sugod / katapusan

початок / кінець

dako / gamay

великий / малий

mahayag nga / mangitngit

світлий / темний

igsoon nga lalaki / igsoon nga babaye

брат / сестра

hinlo / hugaw

чистий / брудний

bug-os nga / dili kompleto

завершений / незавершений

adlaw / gabii

день / ніч

patay / buhi

мертвий / живий

lapad / pig-ot

широкий / вузький

makaon / dili makaon

їстівний / неїстівний

dautan / maayo

злий / дружній

naghinam-hinam / gilaayan

збуджений / нудьгуючий

tambok / niwang

товстий / тонкий

una / katapusan

спочатку / востаннє

higala / kaaway

друг / ворог

puno / walay sulod

повний / порожній

gahi / humok

жорсткий / м'який

bug-at / gaan

важкий / легкий

kagutom / kauhaw

голод / спрага

sakit / himsog

хворий / здоровий

iligal / ligal

незаконний / законний

intelihente / hungog

розумний / дурний

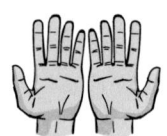

wala / tuo

вліво / вправо

duol / layo

поруч / далеко

bag-o / gigamit

новий / використаний

wala / naa

нічого / щось

tigulang / bata

старий / молодий

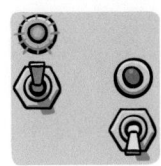

naka-on / naka-off

вкл / викл

ablihi / sirado

відкрито / закрито

hilum / kusog

тихо / гучно

dato / pobre

багатий / бідний

tama / sayup

правильно / неправильно

bagis / hapsay

шорсткий / гладкий

masulub-on / malipayon

сумний / щасливий

mubo / taas

короткий / довгий

hinay / dali

повільно / швидко

basa / uga

вологий / сухий

init / bugnaw

гарячий / холодний

giyera / kalinaw

війна / мир

kaatbang - протилежності

mga numero
числа

0 zero / нуль

1 usa / один

2 duha / два

3 tulo / три

4 upat / чотири

5 lima / п'ять

6 unom / шість

7 pito / сім

8 walo / вісім

9 siyam / дев'ять

10 napulo / десять

11 napulo ug usa / одинадцять

12
napulo ug duha

дванадцять

13
napulo ug tulo

тринадцять

14
napulo ug upat

чотирнадцять

15
napulo ug lima

п'ятнадцять

16
napulo ug unom

шістнадцять

17
napulo ug pito

сімнадцять

18
napulo ug walo

вісімнадцять

19
napulo ug siyam

дев'ятнадцять

20
kawhaan

двадцять

100
ka gatus ka

сто

1.000
ka libo ka mga

тисяча

1.000.000
milyon

мільйон

mga numero - числа

mga pinulongan
мови

Iningles

англійська

Iningles sa Amerika

американська англійська

Chinese Mandarin

китайська високочиновницька

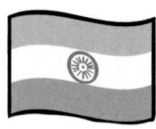

Hindi

хінді

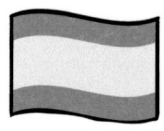

Kinatsila

іспанська

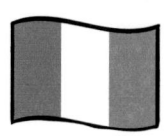

Pransiya

французька

Arabiko

арабська

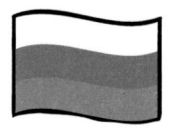

Russian

російська

Portuguese

португальська

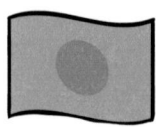

Bengali

бенгальська

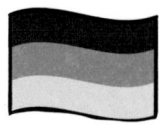

German

німецька

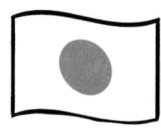

Hapon

японська

kinsa / unsa / unsaon
хто / що / як

Ako
я

ikaw
ти

siya / kini
він / вона / воно

kami
ми

ikaw
ви

sila
вони

kinsa
хто?

unsa
що?

giunsa
як?

diin
де?

kanus-a
коли?

ngalan
ім'я

diin
де

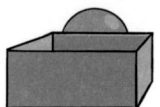

sa luyo
зззаду

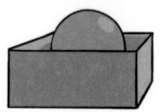

sa
в

sa atubangan sa
перед

itaas sa
над

sa
на

ilawom sa
під

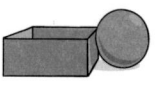

tapad
біля

taliwala sa
між

lugar
місце